Ludwig Bernauer   Rückseiten

Ludwig Bernauer

Rückseiten

Buchverlag Basler Zeitung

© 1989, Buchverlag Basler Zeitung und Ludwig Bernauer
Lithos, Satz und Druck: Basler Zeitung
Veredelung: Karl Meyer & Co. AG, Allschwil
Buchbinderei: Grollimund AG, Reinach BL
Printed in Switzerland
ISBN 3-85815-192-0

Was als Programm missverstanden werden könnte, war am Anfang schlicht ein Arbeitstitel: «Rückseiten». «Rückseiten», weil wir nach kurzen Gesprächen und langem Nachdenken die Gestaltung der letzten Seite des wöchentlich erscheinenden Basler Magazins durch den Photographen Ludwig Bernauer als seinen persönlichen Beitrag für die Wochenendbeilage der Basler Zeitung kennzeichnen wollten: als Rückseiten von Ludwig Bernauer eben.

Mit der Motivsuche und dem Arbeitstitel des Photographen hat der Titel nichts zu tun. Es hiesse, seine Kunst geringschätzen, wenn Ludwig Bernauer als Spezialist für die vielzitierten «Kehrseiten der Medaillen» verstanden würde. Sein Zugang zu den Dingen, die ihm wichtig und interpretierbar scheinen, ist durchaus direkt; kein Hintenherum und Heranschleichen, keine Enthüllungsattitüde, die sich auf Schattenseiten festlegt oder glaubt, die Wahrheit nur in den Hinterhöfen unserer Welt finden zu können. Im Gegenteil, Ludwig Bernauer besteht darauf, dass alle Erscheinungsformen von Natur und Zivilisation selbstverständlich auch für ihn vorhanden sind und wahrgenommen werden wollen.

Was einer sieht, ist Produkt seines Wahrnehmungsvermögens; hat zu tun mit seiner persönlichen Auffassung von Welt und Leben. Wer sich von Fassaden blenden oder nur von Rückseiten beeindrucken lässt, ist selber schuld. Ludwig Bernauer ist in allererster Linie ein Photograph mit der Fähigkeit des Durchblickens. Er sieht, wenn es denn schon Rückseiten sein müssen, auch von vorne, was dahinter stecken könnte; erspäht auch in auftrumpfenden Vordergründen die Verlustseiten und bilanziert bildhaft, was übrigbleibt.

Ludwig Bernauer attackiert die Wirklichkeit frontal. Davon erzählen seine zum Buch gewordenen Rückseiten. In Bernauers Bildern wird Persönlichkeit sichtbar; genauso wie in seinen kurzen Texten Wissen, Erfahrungen und Lebensauffassung zu sprachlichen Kondensaten werden.

Ludwig Bernauer bezeichnet sich selbst als «kreative Seele». Schöner kann man das gar nicht sagen. Erklären schon. Denn der Luzerner, der Alpenluft und Scholle verliess, weil ihm Stadtluft für die eigene Entwicklung geeigneter schien, ist zwar eine markante Figur, vom Béret über Charakterkopf und Tabakspfeife bis zum schweren, schwarzen Ledermantel, aber schwierig einzuordnen und entsprechend leicht zu missdeuten. Vielen gilt er schlicht als photographierender Stimmungsmaler. Als Mann für Kalenderblätter und Genrebilder also. Was nicht nur eine totale Verkennung seiner Arbeiten darstellt, sondern beinahe an Beleidigung grenzt. Gemütlich ist Ludwig Bernauer nicht im volkstümelnden, sondern im Wortsinne, weil Gemüt zunächst die Gesamtheit der seelischen Empfindungen und Gedanken bezeichnet. Was keine Kleinigkeit ist, wenn man wie Ludwig Bernauer bereit ist, die ganze Skala der Empfindungsbreite einer Menschenseele zu leben und umzusetzen.

So ist er beides: zartes Kind und zorniger alter Mann. Im Leben genauso wie in seiner Arbeit, die ohnehin nicht auseinanderzuhalten sind. Da stampft einer unermüdlich und eigenbrötlerisch durch Stadt und Landschaften, die breiten Wege meidend, immer bereit, sich anrühren und verführen zu lassen und trifft auf eine Erscheinungswelt, in der Harmonie grundsätzlich und auf Dauer gestört scheint. So nimmt er auf, was war, was ist und was hätte sein können und will die Widersprüche dieser Welt so nicht hinnehmen. In den Brüchen und Zerstörungen sieht er das Gegenbild einer auf Harmonie angelegten Schöpfung, und in der heilen Welt findet er den Stachel der Vergänglichkeit und die Bedrohung.

Und so sind seine Bilder. Beinahe schmerzlich in ihrer Unversöhnlichkeit mit dem Sosein dieser Welt und tröstlich in ihren sanften Hinweisen auf die Vergeblichkeit aller Bemühungen, den unabänderlichen Lauf der Dinge aufzuhalten.

Menschen von heute leben nicht so. Und moderne Photographen machen andere Bilder. Die Räume der Redaktion der Basler Zeitung betritt Ludwig Bernauer wie ein Bote aus einer anderen Welt, die uns, sofern man sich die Sensibilität dafür bewahrt hat, zu eitlen Diener einer Vernunft macht, die ohnehin nichts zu bestellen hat.

Hans-Peter Platz

Am Basler Rheinhafen, Montagabend, letztes Flackern einer verzagten Frühlingssonne. Unser Zollhäuslein klebt an den Ufersteinen der Wiese, eine Ewigkeit lang, und sicher wissen nur wenige Sterbliche, welche Funktionen sein Dasein rechtfertigen. Oft steckt ein Mensch darin, im Überkleid und Zöllnerkappe, umgeben von Papieren und amtlicher Feierlichkeit. Jetzt schlummern dürre Zahlen und Formulare selig in der Schubladentiefe, die besinnlichen Lichter und Schatten des Feierabends beginnen ihren sonderbaren Tanz. Die Farben im Hintergrund werden blass und vornehm, blaugrauer Tanker tuckert gemessen durch geschmolzenes Blei, der westliche Himmel sucht seine verwaschenen Bettdecken zusammen …

Dem unendlichen Thema Farbe haben sich
ungezählte Gelehrte ausgeliefert samt ihren
Schülern, auch Goethe hat sich damit abge-
plagt … nur auf den Alltag haben sich die tief-
schürfenden Erkenntnisse dürftig abgefärbt. Wir sind
trotz farbentriefender Reklame Farbmuffel ersten
Grades, wer das nicht glaubt, betrachte die triste Sauce
der neuen Mode … bleiben wir bei den Produkten des
Frühlings, dem Symbol hoffender Erdbewohner, in
diesen Tagen zieht eine phantastische Prozession grüner
Farbtupfen durch das Land und verklärt selbst die
ärgsten Sünden der Architekten. Grün zeigt aber auch
Unreife, Greenhorn zu sein, tut weh … vollends
Schlimmes kam über uns, seit Grün in die Politik
rutschte, jetzt haben wir den Salat, jammern die
Bewahrer gut etablierter Systeme, der Spruch, zuerst
grün, dann rot, findet geneigte Ohren, indessen, die
schmutziggrünen Nesseln, in denen wir alle sitzen,
brennen ohne rote Hilfe …

Die holde Basilea zeigt sich offiziell gerne in der Pose der grossen Dame, aber zuweilen rührt sich ihr volksverbundenes Herz und sie verwandelt sich in ein ungeniertes Stadtkind. Irgendwo an ihrer immer noch reizvollen Figur klebt und lebt die Färberstrasse ... das ist eine Kleinbasler Ecke, die ganz sicher nie in einem Stadtführer erwähnt wird. Hier hat der alte Clavel vor bald hundert Jahren seine Farben ausprobiert, den Grundstock für spätere Vermögen gelegt und die Basler Chemie mitgeprägt. Heute ist das ferne Geschichte, die Färberstrasse singt alte Verse, eine Bretterwand, brüchig und vergammelt, trennt sie von der Welt glänzender Bilanzen. Zartes Grün liegt auf dem Holz, enttäuschter Zeitgenosse schrieb säuberlich seine Anklagen dazu. Zu ihm gesellen sich Unkraut, Blumen und scheue Bäumlein ... man kann dies alles hinter parkierten Autos finden, eine kleine Ausstellung im Umfeld des Alltages, ein Stück Basel im Abseits ...

Die Zeit des Frühlings ist fraglos auch Hochzeit für das Gefühl, der diesjährige verschwenderische Geselle hat aber krass übertrieben … er traf uns obendrein im Zustand schlaffer Säcke, liess uns nicht einmal die Musse, den verständigen Herrn namens Winter mit ein paar lieben Worten zur Türe zu begleiten … alles, Freunde, das zu den unfassbaren Dingen zählt … kommt zu rasch und geht zu rasch, ich vermisse die Pausen, wo sind sie geblieben? Ein ungestümer Lenz reisst mich aus dem Traumgefährt … wirft seine Einladungen achtlos unter das dösende Volk, jeder Fernsehmanager müsste vor Neid zerplatzen, wenn er sich überlegt … was eine knappe Stunde Mai an Sendequalität zustande bringt … bald bleibt uns nur noch eine vage Sehnsucht … die zarte Blütenfee oben am Weg, die unvergessliche Geste der Zuneigung … komm doch auf immer mit mir, geplagter Mensch, lass dein Sorgenbündel und deine Ängste liegen … schau nie mehr zurück …

Unsere Schulgötter haben ihre Herrschaft eingeläutet, folgsam begab sich neues Futter in die Säle des Wissens, man löst am Bahnschalter des Schicksals ein Billett einfach, das Ziel wird irgendwann aufgedruckt … im dünn gewordenen Heft der Paradiese fehlt eine Seite mehr … sie ist gewisslich der Tränen wert. Viele Schulhäuser haben noch ihren uralten Duft, diese Mischung zwischen dem Frost der Kenntnisse und der Wärme verlorener Kindheit, sie haben ihre Geräusche und eine fragende Stille … erdrückt vom Gewicht des Normalen starrt die Ordnung blind auf blasse Gänge, Lehrpläne und exakt einstudierte Stunden salutieren ohne Tadel, das reale Leben schielt durch matte Fenster und grüsst scheu das hohe Zepter der Gelehrsamkeit … im Halbschatten schmiegen sich die Hüllen beseelter Hoffnungen Trost suchend eng zusammen, fiebrig zählen sie am Uhrwerk des Unabwendbaren, der Widerstand schlummert in löchrigen Taschen …

Bewunderer der schweizerischen Wirklichkeit betonen mit Nachdruck die grosse Sauberkeit … ein böser Lord aus England war da vor Jahren ganz anderer Meinung. Er befindet sich jetzt bei den Würmern, und wir sonnen uns weiterhin als gründliche reine Musterknaben … Wasser ist genug vorhanden, um zwei Dezi Blasentunke loszuwerden, schicken wir gleich um die fünf Liter sauberes Nass nach … auch in den erlauchten Bezirken der Politik regt sich die Reinlichkeit, soviel Wasser haben wir am Ende doch nicht … selbst das liebe Geld, angeblich ohne Gestank, muss sich ab und zu waschen lassen …! Die weitaus schönste Vision einer völlig sauberen Welt haben sich die humanen Atomapostel ausgedacht, mit der umweltfreundlichsten Energie aller Zeiten, da verkriechen sich klare Quellen vor Scham … und eben diese Energie hat uns Hirtenknaben unlängst allerliebste und unvergessliche heisse Grüsse zukommen lassen …

Als der Mensch sich anschickte, Türen zu bauen, war das ein weiteres Eingeständnis für den endgültigen Verlust des Paradieses ... vielleicht ist aus diesem Grunde auf vielen prachtvollen Kirchentüren das sündige biblische Paar zu sehen, samt grimmiger Gottheit, die menschliche Neugierde wenig schätzt. Türen haben den Ursinn zum Schliessen und Verriegeln, offene Türen verraten leichtsinnige Neigungen mit dem Virus Vertrauen ... da jedoch unser Geschlecht im Zeitraum der geschriebenen Geschichte im wesentlichen ein kompliziertes System von Diebsgesellschaften darstellt, wobei die heutige Version Fachleute ins Staunen versetzt ... können wir auf die guten Türen nicht verzichten, sie verleihen ein vages Gefühl der Sicherheit ... im Laufe eines Lebens klopfen wir an viele Türen, an einfache und imposante, manchmal vergebens, das letzte der Tore, geduldig wartend auf Weise und Narren, ist ganz gewiss nicht geschlossen ...

Der dehnbare Begriff Alltag geistert in gar vielen Köpfen und vielfach muss sich das bedauernswerte alltägliche Geschehen gefallen lassen, als negativer Hintergrund zu gelten, damit sich Heilserwartungen und Rezepte besser verkaufen lassen. Auch die Werbemenschen benutzen den Alltag, mit Vorliebe, als ein Ding, dem man so viel als möglich den Rücken kehren soll, die lukrative Freizeitindustrie bläst ins gleiche Horn … Auf, Marsch zu den glänzenden Höhepunkten! Das Fatale an diesen Höhepunkten ist nun, dass sie oft nicht einmal mickrige Hügel sind, ausserdem müssen wir zu lange auf sie warten … und wo findet diese öde Warterei statt? Eben wieder im Alltag! Deshalb wird es immer seltener, eine Seele zu finden, die imstande ist, im alltäglichen Dasein Höhepunkte zu finden, Geschenke, die geduldig warten, kleine Gesten, Verse und Lieder … Farben, Licht und Schatten, eine Welt für sich, die uns gehört, wie das Blut in den Adern …

Unbegabte Häusleinbauer, ihre Zahl nimmt nimmer ab, wagen sich mit Vorliebe an die wehrlosen Fenster. Die reine Funktion wird zum Dogma erhoben, sehr oft klappt die Sache nicht einmal dort. Traurig glotzen die Löcher im rechten Winkel … Einheitsvorhänge, Rolladenbrigaden, fahle Airconditionshöhlen, verschlossen wie das Gemüt eines Geizigen. Das Auge streift den Graus und beneidet den Blinden. Wie viel Freude hingegen schenken uns Zeugnisse aus jenen Epochen, wo der Handwerker den Fenstern seine ganze Liebe zeigen durfte. Nicht an Museumsfenster denke ich, auch nicht an Exemplare, die nach strenger Denkmalpflege riechen … sondern die einfachen, so rasch als banal empfundenen … die Hüter der kleinen Leute, der Fröhlichen und Bedrückten. Fenster sind Persönlichkeiten … Brennpunkte des Geheimnisvollen, Hintergründigen. Sie sind Empfänger und Sender, jeder Glotzomat ist dagegen weiter nichts als dritte Garnitur …!

Der Friede ist zurückgekehrt … ein Haufen neuer Mist wartet geduldig, wieder einmal überstand das geprüfte Land den ersten August, der sich immer eindeutiger zum dummen August entwickelt, die mögliche Poesie einer feierlichen Stunde ist längst auf der Flucht, Lärm führt die Regie, Schwachköpfe aller Varianten knallen um die Wette, grosses Besäufnis, hoch das Vaterland, Blasmusik, markige Lügen, Blut-und-Bodensprüche … der Preis für den Quadratmeter ist, Gott sei Dank, schon wieder gestiegen … Jubel, Trubel, Heiterkeit, im Morgenrot schreitet … oder schwankt das Erhabene … Wie versöhnlich wirkt nachher so ein ganz unattraktiver Augusttag, mit Güllen- und anderen Düften, wie nett finde ich die mürrischen und arbeitsbewussten Schweizermienen, im vertrauten Geleise des vielfarbigen eidgenössischen Lebens, das sich ausgerechnet am sogenannten Nationalfeiertag vielerorts eine gar jämmerliche Rolle zumutet …

Kluge Firmen haben sich rechtzeitig ein Siegel
für hohe Qualität besorgt, wir begegnen
ihnen fast täglich … auf Würsten, Unterhosen
und nützlichen Maschinen, und mit der Zeit
bekommt so ein Symbol den Grad eines Glaubenssatzes.
Ideologische und erst recht religiöse Gütezeichen
betrachten diese Zeitzeichen sehr unfroh … ausserdem
lässt sich der heutige Mensch nicht mehr vorschreiben,
wo eine Wertung erwünscht ist und wo nicht … das
christliche Qualitätssiegel hat sich extrem lang als glaub-
würdiger Massstab halten können … von der Heilsbot-
schaft her … wäre es peinlich gewesen, rechtzeitig andere
Masseinheiten zu befragen! Jetzt sind wir aber soweit,
christliches Sein wird kühl dem öffentlichen Urteil
ausgeliefert, übrigens dem Sozialismus, dem Libera-
lismus und selbst der Demokratie geht es nicht besser!
Auf Basel gemünzt … die Chance einer alten Stadtgärt-
nerei wäre ein Siegel für christlichen Grossmut, das
Gegenteil ein Siegel für christliche Mutlosigkeit …

Später Nachmittag, in einem Basler Stadtteil, der lieber ein Dorf sein möchte und den König der Hunnen in seinem Wappen trägt. Der englische Lastwagen steht am falschen Ort, verblichenes Parkverbot beäugt ihn ohne Sympathie. Doch der Angelsachse verharrt in der Ruhe eines Sünders, dem stets Barmherzigkeit zuteil wird. Die Eiligen beachten ihn nicht und niemand nimmt seine Geschenke entgegen … die stille Botschaft aus dem wunderbaren Blau ferner britischer Hügel, feine Ockertöne, endlose und unvergessliche Vorstädte in den Midlands. Bizarre rote Farbtupfen, schiefes Schild, der gemütliche Pub im freundlichen Licht der englischen Sonne, ein kühles Stout zum Abschied für meinen Traum …

Wir kennen sie, die Schutthalden, Dreck-
mulden, Abfallgruben, reden von
Deponien, giftigen und harmlosen … diese
Plätze gehören bereits zum Alltagsbild, wir
gewöhnen uns daran wie an die Lügen gewiegter Poli-
tiker, die Nasen werden leicht oder heftig gerümpft …
und auf die genau gleiche Art reagieren wir auf die
Menschen auf der falschen Seite … gibt es doch nicht,
wir haben einen gut organisierten Sozialstaat … Haben
wir das? Versager, wirtschaftliche und sonstige Krüppel
sind ein Ärgernis, gescheiterte Eidgenossen trüben das
hehre Bild der reichen Schweiz … ungeheuer belesene
Gestalten vom edlen Stande der Soziologen rechnen uns
bis auf den letzten Rappen aus, wieviel uns das Elend an
den Wegrändern des Erfolges kostet … in einer Disziplin
herrscht grösste Funkstille … etwa in der dringenden
Frage: Wo stecken die teuersten Versager …? Kurze
Notiz aus dem Wonnemonat … das AKW Kaiseraugst
hat bis heute eine Milliarde verschlungen …

Jahrelang habe ich von der Strasse aus, die Persönlichkeit eines Hinterhofes geahnt und die Begegnung stets wieder verschoben … jetzt hat sich hier eine Tragödie eingenistet, Transparente mit bösen Anklagen kleben an der Strassenfront, Hoffnungslosigkeit der moderne Klebstoff! … nirgends ein Leser, der verdrossene Nachmittag drückt das letzte Licht aus der Tube, es muss reichen, bis zum Einbruch der Nacht. Schöngeister, mit dem Seifengeruch der ewig Sauberen, verirren sich nie in solche Stätten des Lebens, schade, hier könnten sie ihr unübertreffliches Nasenrümpfen in Musse zelebrieren … krasses Dasein pulsiert lautlos, Spuren und Zeichen reden ein Deutsch, das für beugsame Köpfe schon längst gestorben ist … irgendwann, er soll sich beeilen, wird der Fachmann für Soziologie eintrudeln und ungeheuer gescheite Sachen schreiben … über eine sogenannte Randgruppe, eine Wirklichkeit, die im schönen Basler Bilderbuch nie erscheinen darf …

Unser gelber Riese, wie die stolze Post gerne genannt wird, bekommt in diesen Tagen Konkurrenz, die ebenfalls ein Monopol in den Händen hat und dies auf unvergleichlich sympathische Art vorweist ... die Sendboten des Frühlings, beladen mit Briefen und Wunderpaketen, die sie einfach in die Fächer der Natur legen, und erst noch zum Nulltarif! Das System der harten Wirklichkeit schupft uns indessen, keimendes Grün hin oder her, rasch auf vertrauten Boden zurück ... staunend glotzen wir auf die millionenglänzende postalische Überschuss-Landschaft ... die sodann im Bereich abendlicher Schatten entsprechend an Noblesse einbüsst ...! Noch bleiben uns die Briefträger, auch so eine selbstverständliche Einrichtung, der wir wenig Gedanken schenken. Das sollten wir aber, denn diese eigenen Typen passen immer weniger ins imposante Gefüge der gelben Macht. Briefträger bleiben Einzelmasken, wie lange will das der Riese noch dulden ...?

Hundertachtzig Minuten zerfliessen, für Super-schnelle noch weniger und schon habe ich Basileas Düfte mit jenen des seligen Verbano vertauscht. Vor 25 Jahren war das für meinen braven Döschwo eine Tagesfahrt, vor 43 Lenzen hat die Sonne achtmal den Himmel gesegnet, bis ein müder Photograph zu Fuss bei den Wundern des Südens ankam. Wer weiss um die Tatsache, das Tessin hat seine Riviera? So nennt sich die Landschaft zwischen Biasca und Bellinzona. In den frühen Abendstunden kommen vom stolzen Pizzo Rosso die ersten Schatten, jetzt beginnt die unvergessliche Pilgerfahrt, der rechten Talflanke entlang, Iragna, Lodrino, Moleno, eine Spanne weiter, das ergötzliche Preonza! Kunstführer schwärmen von der schönen Stuckkirche der Tre Valli, kein Wort über die schlichte Piazza und die Beiz Bioanda … Und eben dieses immer noch unverfälschte Stück Ticino ist schuld daran, dass die hundertachtzig Minuten Basel–Locarno, für mich nie gelten werden …

In deutschen und französischen Dörfern stehen seit
Jahr und Tag Kriegsdenkmäler, gusseiserne
Helden winken beharrlich Siege herbei … steinerne
Mütter betrachten den Himmel, zeitlose Gestalten
mit gut einstudiertem Dulderblick … alte Mütterlein
bringen die ersten Blumen … die Gilde der Bildhauer hat
sich im Verlaufe der unseligen Zeiten eine ganz respek-
table Routine zugelegt … allerdings die stimmungsvolle
Ergebenheit der weiblichen Figur war ja immer ein
dankbarer Grundstoff. Damit kann man heute noch in
erquicklicher Manier das Gemüt der Völker betören …
Mütter sind unbezahlbar, sie gebären weiterhin und
willig Soldaten, so ein kesser Panzerleutnant, lasst uns
doch die Freude …! Unterdessen haben sich unpassende
und unangepasste Triebe in den staatsfrommen Garten
gewagt … Friedensfrauen und Friedensmütter … wer
hätte das gedacht? «Gottgewollte» Richtlinien laufen
plötzlich herum, wie verstörte Hammel … müssen am
Ende nicht nur die Bildhauer umlernen …?

Dem straff geführten Heer der Bürokraten und Funktionäre droht, mit seinen Augen gesehen, kaum Unheil … seinem Gegenpart, dem Haufen der Systemveränderer, fehlt Strategie und Zuversicht, die wenigen guten Läufer konnte man immer noch rechtzeitig schachmatt setzen … das zeitgemässe Gezeter gegen Staatsgewalt und Willkür der Institutionen degeneriert zum beklatschten Plausch, gebt dem Volke Brot und Spiele! … Die mögliche Gefahr indessen wächst inmitten der unbezwinglichen Bastion, die nämlich nicht nur perfekte Mechanismen aufweist, sondern auch Menschen, Seelen mit versteckter und offener Toleranz … verkannte Beschützer der Bedrängten. Barrieren dürfen sie zwar nicht einreissen, aber mit tröstlichen Farben versehen … und so mag gar manche Blume gedeihen, in Sichtweite blutleerer Paragraphen, hart an der Wand des unbarmherzigen Neins, die für einmal die Rolle des Schirmherrn und Gastgebers übernimmt …

Eine schmale Strasse, die zuweilen Silber verschenkt, weit oben bei den betrübten Hügeln jurassischer Erde, im Tal des Doubs kreisen süchtige Nebelweiber um bleiche Felsnasen … für sachliche Zeitgenossen wirkt diese Szene überaus durchschnittlich … ein verflixtes Element haben wir da am Hals, mit dem Durchschnittlichen, bei Lichte gesehen stecken wir alle drin, wie Löffel im Haferbrei. Aber nur wenigen scheint diese Speise Freude zu bereiten, wir gieren mit Ungeduld ins Land der elitären Töpfe, in denen Höhepunkte wie leckere Klösse herumschwimmen … doch fern sind sie, die Töpfe, wie das Gewissen eines Waffenschiebers und so schielen wir doch wieder nach der mütterlich warmen Stube des braven Durchschnittes, der uns, den Abtrünnigen, sofort ein Kalb schlachtet. Wer in Redlichkeit, durchschnittliche Wiesen verlassen will, darf sie nie als Heimat verleugnen, selbst die Schar begeisterter Berganbeter muss irgendwann zurück in die profanen Täler …

Die grossartige Idee der Adventszeit, die Gewissheit für die Geburt eines Kindes, das uns den Frieden bringen soll, war und ist eine unprogrammierte Aktion ... weil da eine ungewöhnliche Menge ausgefallener Situationen zusammentreffen. Wir kauen immer noch an den letzten Knochen des biblischen Sündenfalls ... die diversen Gebrauchsanleitungen für den Fallschirm Marke Erlösung sind zumeist unleserlich geworden ... überdies war das Prinzip nie besonders volkstümlich. Die Geburt und der Erlösungsbalsam des Konsums haben uns weit mehr bewegt. Auch bei den Sündenfällen sorgt der aufmerksame Zeitgeist für anregende Neuauflagen ... die heutigen Modelle verzichten leider völlig auf lyrische Nuancen ... die filmreife Version im Paradiesgarten bleibt ein nie wieder wiederholbares Rührstück. Adam und Eva waren schreckliche Anfänger, die Schlange ebenfalls ... sie begnügten sich mit einem halbreifen Apfel ... die jetzigen Akteure fackeln nicht lange, sie holen den ganzen Baum der Erkenntnis, samt Wurzeln ...

Nun sind sie wieder daheim, die famosen Paris-Experten, im Bierdunst, umgeben von braven Daheimgebliebenen … erzählen sie grossartige Geschichten, ganz im Stile der Hirten oder Schafe, wie man's nimmt, die aus dem Gehege ausgebrochen sind, um mit der grossen, weiten und so herrlich sündhaften Welt zu flirten. Bei Lichte betrachtet, reduzieren sich knallige Abenteuer zum durchschnittlichen Touristenkram, der wie ein ungeklärter Bach durch die Seinemetropole sprudelt. Wahrhafte Kenner der Pariser Szene sind rar und in den Tagen der Auferstehung eher im gemütlichen Elsass zu finden. Anfänger in der Kunst, das Mekka französischer Lebensart zu entdecken, sollten sich rasch einen echten Experten sichern, dann wird es ihnen früher oder später vergönnt sein, abseits der fabelhaft trügerischen Höhepunkte … das stille Feld der unscheinbaren Leute zu finden, die nach wie vor den Rest guter Atmosphäre wie einen Schatz hüten …

Das übliche Muttertagsritual hockt im Startloch, die Kassen haben heftig geklingelt, die Säle sind gefegt, die Mienen ebenfalls, Tausende von vergessenen Müttern trocknen vergebliche Tränen, eine von ihnen, die Mutter Natur, verschenkt ohne Zaudern ihre grossen und kleinen Kostbarkeiten, wir, die schief geratenen Kinder, nehmen den Segen halbherzig entgegen, warum auch ein Theater inszenieren, wozu Dank für Selbstverständlichkeiten ...? Obendrein macht sie uns, die kuriose Mama, ständig Scherereien, weigert sich frech, ins Pflegeheim zu zügeln, dabei hätte sie es dort so schön, alles wäre organisiert ... bis zum reich verzierten Sarg ... wahrlich Zustände, die uns schrecklich nerven, die Medizin der gescheiten Plandoktoren will sie auch nicht mehr ... die hilfreichen Erschliessungspillen, Meliorations-Tabletten, Bachberuhigungsmittel, Strassensalben, Bauland-Spritzen, Naherholungs-Massagen und Renditekuren ...

Viel wird geschrieben, gerätselt und philosophiert über die Habenden und Nichthabenden, der kalkulierende Mensch überträgt den interessanten Stoff in eine verständliche Sprache … hier haben wir den Besitz und dort gehört er nicht hin, und eilig liess er sich schon immer sein praktisches Evangelium von den Mächtigen bestätigen … erst in der letzten Stunde bleibt ihm vielleicht eine schwache Minute der Einsicht, wie töricht der Besitzwahn dasteht. Deshalb sollten wir rechtzeitig versuchen, das Soll und Haben auf eine tröstliche Ebene zu retten … jedem Menschen gehört eine Landschaft, ein Weg, jeder hat seine Wiesen und die Blumen. Die Bäume sind gezählt für die Seligen … jeder hat seine Samenkörner, die Furche und den Acker, Millionen der Hügel warten auf Neugeborene! Jeder hat seine Nähe und eine Ferne, seine Wüste und die Oase … keiner muss um Quellen bangen, Engel verteilen Bäche, Flüsse und das Meer … niemand kommt zu kurz … solange er nicht mehr sein will als ein Pilger …

Vor fünf Jahrzehnten war so ein eidgenössischer Buss- und Bettag in feierlichen Ernst gehüllt, gut erinnere ich mich an die Parole «Gott lässt seiner nicht spotten», sie ergoss sich pausenlos über das gläubige Volk … etwa zur gleichen Zeit besangen deutsche Bischöfe ihren Führer, in Spanien schoss man sich brüderlich zusammen, Mussolini labte sich am abessinischen Braten … Stalin stiess seine Getreuen ins Grab, die Engländer genossen das letzte Abendrot ihres Empire … da kam fast über Nacht ein gnadenloses Spottpaket zusammen, auf den Kanzeln wurde es als verirrte Sendung refüsiert … nur wenig später rollte mit teutonischer Präzision eine vollends verheerende Spottwelle über Europa … die Kirchen holten in Eile die Affiche «Gottesgericht» aus dem Schrank, das wertvolle Stück hatte sich schon 1914–18 tadellos bewährt … unser Spott-Potential made 1987, scheckig und neckisch verpackt mit den dehnbaren Schnüren der Lüge, zeigt dem Bettag ein fettes Grinsen …

Es wird höchste Zeit, sich einzusetzen für den arg
bedrängten Geschmack. Nicht nur muss er sich
täglich und aus allen Windrichtungen gröb-
lichsten Schimpf gefallen lassen … dergestalt,
dass eine weniger leidgeprüfte Gestalt schon lange den
Tod vorgezogen hätte … man missbraucht ihn dauernd
als Vergleichsmerkmal, und zwar in der Regel immer
dann, wenn die Umstände überaus unpassend sind.
Sobald eine Sache nach schierer Unfähigkeit stinkt,
kommen die sogenannten Gesprächspartner und
plappern von einer «Geschmackssache». Diese
Untugend hat sich ohne Schwierigkeit in der Gesellschaft festgefressen … den «Geschmackssächlern» ins
Album: Ein Ding kann schlecht schmecken, aber die
Bezeichnung schlechter Geschmack ist paradox!
Entweder hat jemand Geschmack oder eben nicht, eine
redliche Diskussion über Fragen des Geschmacks ist nur
innerhalb dieser Grenzen möglich, was ausserhalb liegt,
gehört in den Kübel der Geschmacklosigkeiten, trotz
aller aufwendigen Garnitur …

Die glücklichen Sklaven sind die erbittertsten Feinde der Freiheit!» Diese hochaktuelle Wahrheit schrieb eine begabte Österreicherin in der Mitte des letzten Jahrhunderts. Maria von Ebner-Eschenbach lebte als adelige Dame im mährischen Hügelland. Ihre soziale Tatkraft und ihr scharfes Urteil entsprachen ganz und gar nicht dem Weltbild der Machthaber, die liebe Maria würde heute dasselbe erleben … der kleine Band ihrer Aphorismen begleitet mich seit vier Jahrzehnten, kein Wort hat an Substanz verloren, das Werk ist beängstigend zeitgemäss! Glückliche Sklaven … wie absurd … und überhaupt, lassen wir doch das trübe Kapitel in den Geschichtsbüchern ruhen, vielleicht existiert das noch irgendwo in weiter Ferne … überdies wäre der Ausdruck Sklave eine glatte Beleidigung, wir haben doch unseren Wohlstand, unser Prestige und die Hoffnung nach mehr, also bitte, da hat sich jemand ganz bös in der Adresse geirrt …

Gar still ist es geworden um den jüngsten Schweizer Kanton, er ist keine Schlagzeilen wert ... den gnädigen Herren zu Bern sind unterdessen verdriesslichere Dinge ins Gemüt gerutscht ... Frei atmet sie wieder, die bildhafte Ruhe in den Bergen und Talgründen des Jura, sie breitet ihre Arme aus, umfasst den Horizont, die geliebte Schar zorniger und zärtlicher Kinder, schroffe, kalkweisse Felsengesichter, Waldkuppen, die wie Hexen auf den Fluren kauern ... rätselhafte Sumpfreiche, kleine Freistätten einer uralten Welt, betörendes Lied der Blumenfee, ob ich sie hinter jener Mulde sehen könnte ...? Eine gütige Traurigkeit macht gelassen Autostopp, folgt den schweigenden Strassen, dringt durch alle Ritzen und fühlt sich als Gast zugeneigter Herzen, fürwahr kein Land für sonnenhungriges, prospektgläubiges Ferienvolk, keine Bleibe für Jet-Set-Figuren, bloss Charakter rund um die Uhr ...

Ein ganz gewöhnlicher Abend, im Winter 1986, kurz vor dem grossen Schnee, ohne Dramatik, bloss Tonfetzen einer Sirene … weisse Gestalt beugt sich zum Opfer der Strasse … diese aber preist mit tosendem Geschrei ihre Unschuld. Hinter dicken Glasmauern, des lieben Gottes Ebenbilder … lässig Tasse und Zigarette in der Schwebe haltend … wie im Film, der Regisseur nickt sein Ja … das Drehbuch stimmt bis zum letzten Detail, dieses eine Wort, begleitet vom Lachen … die Tränen müssen noch warten … jede Sekunde total live Alltagsgeschichte, vordergründig banal wie die Herzwände eines Funktionärs, dennoch knisternd … ein Knäuel fliehender Erzählungen, raffiniert bekränzte Lügen, spitze, reich verzierte Sinndolche … Schweigen, welke Rosenblätter küssen kahlen Boden … keimendes Glück in zerbrechlichen Schalen … Immergrün auf kleinen Tischen pokert mit letzter Münze um die Gunst einer barmherzigen Stunde …

Der laute Zirkus auf dem globalen Weltmarkt hat die ersten brillanten Nummern hinter sich, Tonnenmillionen goldenen Weizens verschwanden in Silobäuchen … an den Börsen laufen die Computer heiss … auch der Mais hat sich prächtig erholt, auf Schweizer Boden fühlt er sich, dank gesteuerter Bauernweisheit und Atrazin, sauwohl, das Grundwasser erheblich weniger, überlassen wir das den Enkeln … das Konzert der Überschussernten braust daher mit knalligen Misstönen, die Stardirigenten sind entzückt … wie ganz anders geht, fast unbemerkt, die Ernte der kleinen Frau und des kleinen Mannes über vergessene Bretter, die Ouvertüre spielen ein paar über-lebende Singvögel, da spüre ich wieder uralte Kinder-lieder, eine greifbare Liebe für das Unscheinbare, ein Erlebnis für sich, Tomaten im Rot sommerlicher Verklärung, ein Korb im satten Grün, sorgsame Hände für zarte Gemüsefeen … bescheidene Zufriedenheit und unverzagter Stolz im Himmelreich einer knappen Are …

Seitdem es Apotheken gibt, mehr und mehr geübte Doktoren und die menschenfreundliche Produktion gezähmter Gifte, ist die leidgeprüfte Menschheit dabei, ihre Krankheiten auch als Wirtschaftsfaktor zu betrachten. Ein klassisches Rheumabein beispielsweise … plus dazu passende Nebengeräusche vermögen im Laufe der Jahre etliche Arbeitsplätze zu garantieren. Lädierte Zeitgenossen neigen rasch zur Ansicht, sie hätten nichts mehr zu melden, dabei halten die den gesunden Rest ganz schön in Trab … und eben der Rest, er hält sich spasseshalber noch gesund, opfert für diese eitle Illusion ohne jedes Zögern Millionen … ein einig Volk der Schizophrenen durchstreifen wir die Täler der Falschspieler, wunderselten verirrt sich wieder einmal eine Seele zu den Wartesälen des Waldes … jetzt sind sie geschmückt mit den Farben der Ewigkeit, den Formen der Klarheit, kleine herzige Detaileinsichten hängen am Schürzenzipfel einer gütigen Wahrheit, das Bild könnte nicht reizender sein …

Die herbstliche Stille ist jetzt bei ihnen, wie die sorgende Hand einer Mutter, bei den ungezählten Steinen im Auwald des alten Rheins. Eine verzauberte Gegend der vergessenen kleinen Dinge, die auch an belebten Ferientagen nie von Menschenknäueln bedrängt wird. Steine mit einfachen und skurrilen Formen, die man an der Schule für Gestaltung mühsam kopiert, Steine, für den Experten ein hochinteressantes Gemisch von Mineralien, Salzen, Spuren und sichtbare Zeichen der Urwelt. Steine, die vielleicht für ein Sonntagskind ein Körnlein Gold bewahren, soweit reichen meine Träume nicht, ich liebe sie bloss und staune … wie kommt das nur, dass gerade dieser Steingeselle die richtige Farbe sein eigen nennt und wiederum einen Nachbarn hat, der wie angemessen zu ihm passt. Welcher Künstler ist hier am Werk? Alle Seelen, die krank sind, vom zeitgemässen Rummel der gequälten Kunstszene, sollten sich einen Tag in der wundervollen Galerie an den Ufern des Rheins verschreiben.

Der stilvoll leidende Jesus gehört seit Generationen als sinngefälliges Dekor auf die Hofstatt der Toten. All die mit viel frommer Salbe eingeschmierten Sprüche und Beschwörungen sind von A bis Z Werke der noch Lebenden, was würden wohl die Verstorbenen schreiben, falls sie dazu imstande wären ...? Friedhöfe sind Örtlichkeiten der angemessenen Lüge, die Wahrheit versteckt sich mutlos hinter den Kreuzen ..., das weiss keiner besser als die Symbolfigur Jesus von Nazareth ...; meine Lieblingsgestalten mit diesem Namen stehen alle im Elsass, eine davon habe ich kürzlich besucht ... Dieser Jesus hat in den letzten Jahren etwas zuviel Grünspan angesetzt, aber sein Urteil hat nicht gelitten ..., beiläufig erzähle ich ihm von diesem komischen Hollywoodfilm und den sehr typischen Reaktionen der empörten Christen. «So etwas ähnliches habe ich schon immer erwartet», meint er bedächtig ..., «die fleissigen Verfasser meiner Lebensgeschichte waren so oder so einfach überfordert, und die Leser sind es noch viel mehr ...!»

Als der zwanzigste Gewehrgriff noch schlechter ausfiel als der erste, schrie der Korporal: «Sie ohnmächtiger Zivilist.» Dies geschah im Jahre 1943 und ist eine alte Geschichte ... erst viel später fiel mir ein, der Uniformmensch hatte völlig recht, ich bin ein Zivilist ohne Macht. Zivil kommt vom römischen cives, der Bürger ... im Wörterbuch wird ziviles Verhalten als massvoll und gesittet bezeichnet, unsere Zivilisation markiert Ablehnung der Barbarei ... Zivilcourage heisst eine rare Eigenschaft und nicht etwa Armeecourage! Zivilverteidigung sieht wesentlich anders aus als unser Zivilschutz ... zivile Räume sind weltoffen, risikofreudig und sehr verwundbar, sie brauchen Schutz ... deshalb verkleiden sich besorgte Zivilisten, scharen sich um Fahnen und dekorierte Häuptlinge, vollführen hinreissende Rituale ... und jetzt kommt die besonders zivile Ohnmacht, unsere hochgelobte Zivilisation ist offensichtlich nicht imstande, den weltweiten und teuren Militärspuk abzustellen ...

Wir älteren Knaben haben eine Menge erlebt, intakte Dörfer ... das Urnertal beispielsweise ... vor dem grossen Sündenfall ... vom Umweltschutz redete damals kein Mensch, der tägliche Dreck gab sich zutraulich wie ein schlummernder Nationalrat ... heute befassen sich Primarschüler mit Giftanalysen, mit all den Beweisen plus Gegenbeweisen liesse sich im Jubiläumsjahr 1991 ein dauerhaftes Höhenfeuer entfachen ... laut erschallen Rufe über Berg und Tal ... dieses und jenes und das da ganz sicher ... muss endlich aufhören, die Lebensqualität ist angekratzt! Faktisch und quantitativ hört sehr wenig auf ... noch laufen die geldgeölten Räder, begleitet vom Orgelgebraus aus dem Bethaus der heiligen Sachzwänge. Wir probieren mit staatsfrommem Augenaufschlag einen infantilen Hoffnungshabitus um den andern ... unterdessen hat der umwelttaugliche Homo venenatus (der vergiftete) seinen Heimatschein deponiert, hat das einst so leuchtende «sapiens» als Bremslicht ausgedient ...

Eine brave Waschfrau hängt das Werk ihrer Mühen an die Luft, betrachtet mit fachfraulicher Miene ihre gereinigten Textilkinder, verbliebene Flecken sind eine Beleidigung. Der Vorgang ist eine Deklaration der Qualität. Deklarieren bedeutet auf deutsch, eine Erklärung abgeben, eine Aussage verdeutlichen. Falls wir geneigt wären, im Labyrinth des Alltages pflichtbewussten Waschweibern nachzueifern, ergäbe das Resultat eine fast unerträgliche Ehrlichkeit … die moderne Waschpraxis hat mehr Verständnis, sie ist noch nicht ganz soweit, dass sie auf die elementare Prozedur verzichten könnte … diesbezügliche Versuche bei der Kernenergie sind zwar erstaunlich … aber das allgemein geübte Waschritual verfügt über Varianten, die einfach phänomenal aussehen … und erst die heilige Vielfalt der Deklarationen, dieser absolut unschlagbare Rekord der narrensicheren Reinweissprozesse … diese auch im Detail unschlagbare Waschstrasse für hochlackierte Lügen …

Glanzszene für den Folkloristen, Fronleichnam in St. Märgen … Wallfahrt und Sommerfrische, meisterhaft gedruckte Prospekte, vollendet gestaltet, es lebe die Farbfotografie … hohes Lob für würzige Luft, auch der Speck ist einmalig … das kernige Brauchtum zeigt sein Feiertagsgesicht, schaufrohe Masse säumt die Wege, Filmkameras surren ihre Litanei … Spatzen retten sich auf sichere Dächer … erhaben lächelnde Madonnen ragen in den wohlgesinnten Himmel, halbblaute Gebete rieseln dem Gemäuer entlang … tiefe Glocken verkünden Novellen einer jenseitigen Welt … vor gut vier Jahrzehnten schwiegen sie, Kanonen hatten das Wort … gar nicht ferne, gut getarnt im Waldesfrieden ein Arsenal von Atomsprengköpfen … im nahen Gottesacker eine gepflegte Reihe Gedenksteine, fünf Brüder in der Blüte des Lebens, Mütze mit Hakenkreuz, makellos sitzendes Ehrenkleid, gefallen im barbarischen Russland, mit grosser Tapferkeit … für Führer und Vaterland …

Schön verteilt auf diversen patriotischen Wiesen üben derzeit einige tausend Jünglinge das harte Soldatenhandwerk. Man sagt ihnen jetzt Wehrmänner, das tönt so richtig vaterländisch und verscheucht etwelche häretische Reflexe … Beweglich müsse der Kämpfer sei, doziert unser Korporal, der moderne Krieg verlange Köpfchen … Da wird also auf dem Kasernenhof eine gewisse Möglichkeit zum Denken geboten; wenn das nun Schule macht? Aber lassen wir das …, die Goldknaben auf den oberen Wehrgängen sind sowieso bedrückt, das jährliche Gerangel zu den besten Goldgründen ist ja wirklich ein Schauspiel für sich. Dazu gesellt sich ein müdes rotes Feindbild, jahrelang gehätschelt hat man diese schniefende, käsige Braut … Jetzt sitzt sie da und schwimmt in glasnostischen Tränen … Immerhin, wir haben die schlagkräftigste Armee Europas, solche Tüchtigkeit registriert der Osten mit Ehrfurcht … Deshalb sind die Türen der russischen Gesandtschaft für festliche Empfänge … und Schweizer Generäle weit offen …

Der Glaube an die Herrlichkeiten des vielge-
priesenen Prominentenhimmels sitzt tief
verankert in den Herzgruben, Ausnahmen
sind nur dort möglich, wo ein völlig anderer
Himmel zum Ziel erkoren wird. Die festlich
geschmückten Prestigehallen verleihen den Angeber-
burgen ungeschmälerten Ruhm … die notwendige
Distanz zum niederen Volk … Rosinen des Wohlwollens
sollen die nützliche Schar der Plebeyer dennoch
erfreuen, eifrig basteln Marionetten vorgekaute Träume
… ganze Rudel selbstloser Helfer bedienen die Trick-
kisten, der Medienwald verteilt grüne Zweige der
Hoffnung … fette Konten schaffen es ohne … Ganz auf
der untersten Stufe atmen die Kabisfelder, die Unkraut-
ecken, unnutzbare Sträucher und Hecken, all das
komische Zeug, unkontrollierbar, unberechenbar und
verdächtig … unangepasste Herzen mit winzigen
Königreichen, ganz unpassende Zaungäste bei der
reich Beflaggten, endlosen Prozession der Prominenz-
anbeter …

Ein gigantischer Topf müsste es sein, von der Grösse behäbiger Talkessel, als Hort für die verpassten Gelegenheiten, da käme eine sehr menschlich gefärbte Suppe zusammen … mit ergeben dahintreibenden Klössen des Kummers, fadgrünes Gemüse von ausgelaugten Seelengärten … mit den Fettaugen ertränkter Hoffnungen, ein Gebräu, das nicht einmal mit der Würze bissiger Ironie zu geniessen wäre … verpasste Eisenbahnzüge, harmlos wie ein Floh auf dem Elefanten … verpasste gute Gedanken, ein trokkener Fluss unterhalb riesiger Stauseen. Verpasste Gelegenheiten begleiten uns das ganze Leben lang … mit der Beharrlichkeit und Treue eines Schutzengels, sie schleppen ohne Murren umfangreiche Mechanismen … Abwehrschirme, Blockiergeräte, raffinierte Mutbremsen, das rasch wirkende Öl der Vorsicht, nicht zu vergessen … die Spitzentüchlein für zwecklose Tränen, verschwenderisch betupft mit der tröstlichen Tinktur wohlfeiler Ausreden …

Chaos ist schon als Wort fremd und böse, beim Zustand beginnt das unbefleckte Schweizerbild zu zittern … eine Klapperschlange im Kinderbett! Dabei haben wir alle eine geheime Passion für die Anarchie … die Tube mit dem scharfen Senf kommt jedoch fast nie auf den Tisch, das milde Prinzip der Ordnung schiebt auch krumme Klötze in überschaubare Ecken … mögliches Chaos ordnen wir auf staubfreien Feindbildregalen, je nach Bedarf dürfen Schreckfiguren angefordert werden … das vortreffliche Verfahren erfüllt eine zusätzliche Funktion, sie deckt mit Tabutüchern jene Chaosbestände, die sich ganz und gar nicht für das öffentliche Auge eignen … kürzlich gelesen: «Die Dunkelziffer sexueller Untaten im Bereich der Familie ist unvorstellbar», die Vergewaltigung der Ehefrau soll weiterhin straflos bleiben … nicht wenige lockere Helden verwerfen die Hände bei Terrormeldungen, der selbstgebastelte Terror lässt sich mühelos maskieren …

Regelmässig wie der Mondwechsel am Himmel erscheinen die Propheten des positiven Stils, sie bejammern laut und triefend vor Weisheit die zunehmende Neigung zum Negativen, weisen mit sauber gewaschenen Fingern auf die Sünder im Medienpfuhl … ihr Credo gleicht einem Maulesel, der vor lauter positiver Last fast zusammenbricht. Betrachtet man die Erzengel wider die negative Drachenbrut etwas eingehender, so entpuppen sie sich als clevere Interessen-Kuriere, angetan mit dem Mantel des Volkswohles … ihr Plädieren für gute Nachrichten in Ehren, der national und global angerichtete Mist vermehrt sich unterdessen munter wie die farbige Reklameflut … doch lassen wir die Satire, am Tage des heiligen Nikolaus, vor gut sechs Wochen, geschah ein Wahrtraum … der gewissen eidgenössischen Positivlingen noch lange auf dem Magen liegen wird, ich meine die erfolgreiche Initiative für den Schutz der Hochmoore, ein deutliches Signal gegen das Negative … oder nicht?

Mit Distanz hat die liebliche Brunnenmaria nichts gemein, sie würde gerne auf die Strasse gehen und mit den Leuten plaudern. Sobald ich mit Herz, Fuss und Händen glücklich elsässische Erde erreicht habe, zeigt sich das Phänomen Distanz, das fängt bereits in Hegenheim an und meistens so intensiv, dass ich chez Lucie einen Cognac haben muss. Was ist da eigentlich los? Verkappte Zauberei, oder bloss hochgestochenes Garn? Ohne Zweifel, bei der Distanz existieren diverse Artgenossen, jene in Aarau, beispielsweise signalisiert sofort das schmerzliche Fehlen der Basler Luft, dieselbe Aura kann ich im Sundgau gut entbehren, wenigstens eine Zeitlang ... das Distanzgefühl lässt sich schlecht einordnen, klingt für kalte Realisten unverständlich, bestenfalls geheimnisvoll, wie mein kleiner Dorfplatz, irgendwo am Rande der Vogesen, der Name ist mir entfallen, die Szene schenkt mir Nähe und Distanz in einem, was will ich mehr ...?

Links stirbt ein Haus, rechts stürmt ein Betonungeheuer triumphierend dem Himmel entgegen. Häuserleichen bekommen weder Sarg noch Grabgeleit, auch Gebete sind verpönt. Tränen mögen erlaubt sein, aber bitte, macht kein Theater, unser Fortschritt schätzt das nicht. Der Riese wird in ein paar Tagen die Sonne abweisen, im Schatten höre ich dünne Rufe, das muss ein Kind sein, das im hintersten Zimmerlein in Lumpen daliegt … des Hauses Seele, verbannte Hoffnung, Melodien, die längst zerbrochen sind. Renditenweisende Musik ist mächtiger, imposante Kräne schwingen den Taktstock, mit beispielloser Präzision setzen die Chöre ein, Anpasser, Denkfaule, Profitgeier … Mein schmales Idyll in der Zone des Vernichtens hat nicht die geringste Chance, karges Grün, die Palette einer winzigen Welt, ohne Glanz und Gloria, am untersten Punkt der Wertskala … und zudem getreues Abbild jener Tendenzen, die auch in der menschlichen Ebene üblich sind …

Zuweilen kommen winterliche Tage zu uns, einfühlsam wie eine Nonne am Krankenbett, sie kommen einfach und verlangen keinen pompösen Empfang … auch Mietskasernen und schmucklose Fassaden schrecken sie nicht … solange irgendwo Menschen zu finden sind, sensible Seelen-Stuben mit feinem Gehör und der Demut der Verletzlichen … unterdessen mag das letzte Licht am Horizont vor Neid verblasst sein … die Nachtmahre nesteln an ihren Röcken … eine Schublade um die andere öffnet sich, vergilbte Briefe lassen Buchstabengeister tanzen … die Vergangenheit nagelt vergessene und vertraute Bilder an die Wände … ob der Maler auch ein Meister sei? … diese eine Frage haben wir mit unseren Taten längst entschieden … Erinnerungen sind, dies wird oft verschwiegen … auch Zahltage, gar manches gute Wort aus der sturmgepeitschten Jugendlandschaft leuchtet jetzt spät, aber zuverlässlich mit Zins und Zinseszinsen im tröstlichen Buch des Alters …

Kein Mensch lebt ohne einmalige Kennzeichen, auch nicht ohne verbindende Merkmale. Eines davon nennen wir Vorurteil ... das vielseitige Wesen begleitet uns von der Wiege bis zur Bahre ... mit einer Treue, die wir anderswo viel nötiger hätten. Man könnte das Vorurteil etwa so definieren: Ein Sohn der Ungeduld, eine Tochter der Unsicherheit und eine schwatzhafte Freundin der Aufrichtigkeit. Vorurteile sind Wegmarken für die Unreife ... sie gedeihen überall, ohne jeden Aufwand, die Gesellschaft ist trotzdem um fetten Dünger besorgt. Reifes Vorurteil wird geerntet, wie kostbarer Weizen ... in Kühlhäusern gelagert, in mundgerechte Portionen verpackt, und landet schliesslich auf dem Supermarkt der Gefühle. Jedermann kann sich bedienen, die Preise sind populär, es gibt auch liebevolle Vorurteile, etliche Ehen erzählen davon ... es gibt auch vorzeitige Urteile, die gar nicht treffender ausfallen könnten, zum Beispiel jenes der Mutter Erde über den Homo sapiens ...

Die Frau des Geliebten der Mutter» ziert als Buchtitel den Beginn der Bestsellerliste. Für die kühle Rheinstadt sind solche Bekenntnisse ungewöhnlich, rein literarisch gesehen, gleicht die Sache einer Kirchenmaus, die nicht mehr an die Bibel glaubt ... die händereibenden Verleger sitzen in Bern und Bonn, die fleissigen Drucker im fernen Allgäu ... die Fakten allerdings hocken mitten in Basel und geben einen Gestank von sich, der sich nur sehr allmählich verdünnen wird. Auf der letzten Textseite unseres Buches sollte man sich den Kernsatz einprägen: «So hat sich auch in diesen Kreisen überhaupt nichts geändert!» Die «gute» Basler Fassaden-Gesellschaft kann ihr erfolgreiches Evangelium weiterhin und bedenkenlos verbreiten, ganz einfach deshalb ... weil die Legion der bezahlten Trabanten, dieses akademische und sonstige Gesock ... mit der Mentalität des sorgfältig abgerichteten Unterhundes, jederzeit, allzeit bereit für neue Aufträge zu haben ist ...

Der seltsame Rabbi Jesus von Nazareth mit seinem Aufruhrprogramm plus schwer begreifbarem Liebesangebot reitet auf dem Esel in die Stadt seiner Väter ... kurz vor dem eindrücklichen Drama eines Justizskandals bricht ein Tag an, mit Blüten, Blumen und Hosannarufen, Stundenreihe des Erfolges und hohe Stufe der Hoffnung, die wir heute wieder begreifen ... diese Episode der friedlichen Palmenzweige hätte Signal sein können für den radikalen Verzicht auf Gewalt ... jede Generation erhielt seine Palmsonntagschancen ... aber stets war das Drehbuch in den Händen der Realpolitiker, am Ende ragten die sattsam bekannten Kreuze zum Himmel ... Jetzt am Ende eines überaus bedenklichen Jahrhunderts, nach 106 000 Wochen praktiziertem Christentum, stehen wir mit ratlosen Gesten herum, während Regisseure und Akteure ungehindert das perfekte Spiel der Kreuze und Gekreuzigten weiterführen ...

Wir dürfen uns wieder versammeln an den Tischen einer gütigen Traurigkeit, alle sind eingeladen, die noch imstande sind, ihre Seelen an die Stille zu verlieren, an die Landschaft, die mit halben Herzen nichts anfangen kann … das liest sich so schön, und dabei kann hier selbst ein halbgarer Spekulant aufkreuzen und ein verächtliches Gelächter anstimmen. So geschehen, kaum vor Jahresfrist, ehrwürdige Sundgauer Fluren verkommen im Dienste gelddreister Bonzen. Das einst abgeschiedene und wonniglich besungene Elsässer Seelenreduit wird Jahr für Jahr verletzlicher, die Eingeborenen entpuppen sich als gute Lehrlinge im Fach der angewandten Geldtüchtigkeit, das schweizerische Vorbild frisst sich ohne Zaudern in leergefegte Seelenstuben … noch darf ich in dieser oder jener Paradiesecke die reine Seide der Freude anfassen … bei den Hinterhöfen zittern die Gemächer einer uralten Geborgenheit … vorne, im Banne der verblendeten Strasse reissen die Räuber bereits die Balken vom Dach …!

Dame Demokratie hat wieder einmal das Brautkleid hervorgeholt, die Mottenlöcher lassen sich vorläufig noch im Faltengewirr verstecken … die kunstvolle Frisur muss auch keine Ewigkeit halten … ein Heerzug feuriger Bewerber staut sich am Busen der Helvetia, viele seltsame Fahrzeuge sind versammelt, die Farben warten auf das funkelnde Licht des Erfolges … Treppen weisen hinauf und hinunter, Fassaden preisen neue Anstriche … Gerüste beten die Sure des Unfertigen. Die Erwachten reiben ihre Augen, scharren mit der Ungeduld des Gerechten … im Lager der Schlafenden regt sich wenig, die Schnarcher sägen an wurmbefallenen Bäumen, die Schlummerer träumen in reiner Unschuld, lassen sich als zentralgesteuerte Schifflein im Teich der Gleichgültigkeit bewegen, gut gedrillte Ammen halten jedes falsche Lüftlein fern … so lässt sich wunderbar regieren, der staatliche Morgenbrei ist abgewogen und vorgewärmt, die süssen Babies müssen erst morgen erwachen …

Noch darf unser Gestell mit den guten Vorsätzen seinen Ehrenplatz behaupten, gewissenhafte Naturen halten ihn täglich staubfrei … routinierte Könner machen das … ohne einen Blick auf die Vorsätze zu vergeuden, manchmal aber gibt man sich leutselig, befingert die mysteriösen Dinger mit Andacht, legt sie zurecht … diesen etwas näher, jenen etwas weiter weg. Wenn das Blumen wären, bekämen sie frisches Wasser! Besonders Begabte haben ihr Vorsatzsortiment auf das schönste verpackt, mit rührenden Seufzern verschnürt … nur ein Barbar wäre imstande, solch formvollendete Werke der eiskalten Luft unserer Realität zu opfern. Gute Vorsätze siechen in geschmückten Gemächern dahin wie Greise, die nie eine Blüte gesehen haben … gute Vorsätze gleichen den Bäumen unserer Wälder, wir betrachten und verehren sie und warten gleichzeitig mit frommer Ungeduld auf den anmutig traurigen Klang der Sterbeglocken …

Unter den vertrauten Götzen unseres Zeitalters spielt das gerissene Freudenmädchen mit dem schrecklichen Namen Bruttosozialprodukt ... eine Glanzrolle um die andere, der Beifall ist ihm sicher, wir verehren das eitle Geschöpf als Sinnbild ungebremster Tüchtigkeit, von den Kanzeln der Wirtschaftsprälaten ertönt honiggleich das Hohelied des Schweizer Fleisses, auch geborstene Giftfässer samt rheinlicher Todesbrühe geraten den geübten Psalmensängern kaum in den falschen Hals ..., gehobene Anlässe à la Sandoz haben, wer hätte das gedacht, neue Verdienstquellen sprudeln lassen, Millionenkredite gerufen ..., das Zahlenmaterial fliesst munter in den Rachen der hungrigen Bruttodame und wird frech als Plus verbucht ..., niedergeschlagen steht derweil die unbeachtete Verlustcousine auf dem Abstellgeleise, ihre Bilanz ist passé ..., wer erinnert sich noch an lieblich verträumte Ecken bei der Lyss, an beschauliche, von der Stille besungene Pfade am Steinenring ...?

Wer nichts zu sagen weiss, macht auch keine Fehler – ohne diesen Umstand wäre die schweigende Mehrheit nie geboren worden … Fehler trüben das Ansehen, Pannen gar in der heiligen Grammatik werden hart gegeisselt … Bildung ist höchster Religionsersatz, die Herzen finden immer in einer dürftigen Ecke Trost … Fasnachtsfehler sind im Basler Gemäuer arge Sünden … ausser sie haben das Niveau der Kuttlebutzer! Auf dem glorreichen Olymp fasnächtlicher Puristen lebt die chemisch reine Lehre wohlbehütet von säuerlichen Aposteln, Originelles heult im stillen Kämmerlein … eine Fasnacht sollte leben dürfen, wie ein ganz gewöhnlicher Basler Hinterhof, zauberhaft banal, mit ungezähmten Mirakeln, ein Sammelbecken milder und packender Farben … ein See unergründlicher Schattierungen, auf dass die graue unfasnächtliche Zeit jenen Schimmer fürsorglicher Narretei bekommt, der uns davor bewahrt, fatale Narren zu werden …

Der Abend rieselt behutsam in den gemütlichen Raum, mein lieber Bekannter kratzt seine Pfeife aus und beginnt zu erzählen, er käme soeben von einem Krankenbesuch! Dafür sei er jedoch ganz und gar ungeeignet, man kreuze da auf mit gesunden Gliedern und Innereien und lande in einer bedrückenden Wirklichkeit, wo Zerfall in der Luft liegt und die Hoffnung wie ein alter Staublumpen in der Ecke döst. Komisch sei einiges an der Sache, manchmal sehe der Patient ganz passabel aus, rede von Blüten und Farben ... die lieben Angehörigen versichern ohne Unterlass, das sei halt eine momentane und verständliche Schwäche, aber leider gebe es zu viele Viren im Land, ein Jammer und dazu die bösen Umwelt-gifte, das lege früher oder später den stärksten Kerl um ... Robert, mein Gegenüber, pafft zufrieden und sinniert, all das zahlreiche mitfühlende Volk am Schmer-zenslager komme ihm auch ziemlich angeschlagen vor, und seinen Krankenbesuch habe er bei einem Jurawald gemacht ...

Drei Tage im Kalender des Baslers sind auf einmalige Art vom Stift des Empfindens gezeichnet, aber nur behutsamen Seelen ist es vergönnt … Gold und Silber zu spüren, gut gedrillte Showmentalität spült Jahr für Jahr mehr innige Fasnacht in die Abwasserkanäle des seichten Spektakels … vielbesungener Basler Esprit wird dünn wie ein magersüchtiges Kind, stillos torkeln herzlos geborene Verse durch blank gescheuerte Lobeshallen. Jubel, Trubel, Heiterkeit … faschingstrunkene Gebeine aus Teutonien schwärmen durch die letzten Gassen … in Vollpackung stürmen Regimenter fanatischer Föteler das arme Gelände … das Gehetze lässt die Fotofarben-suppe anschwellen wie das Maul eines Monsters … ganz nebenbei, gleich dem verirrten Licht einer flehenden Sonne … sammeln sich die Reste um das zerfetzte Banner der Lauterkeit … lasst uns, wie die Christen unter Nero, Katakomben graben … tiefe unauffindbare Gewölbe der fasnächtlichen Sehnsucht und Geborgenheit …

Wir sind wieder alle drin, in den Geleisen, die uns das Schicksal zugedacht hat, die Feste sind verraucht, das neue Jahr steckt bereits im Übergwändli! Es gehört zum guten Ton, von abgenutzten Geleisen zu reden, die wir endlich verlassen sollten, aber sobald wir das tun wollen, schallt uns energisches Halt entgegen ... zu den Schienensträngen gehören auch Weichen, wenn die nicht rechtzeitig bedient werden, knallt es! Entgleisungen sind immer schlimm, ausser sie finden auf exklusiven Ebenen statt. Weichenstellen ist auch so ein beliebtes Thema, als wären wir ein riesiges Stellwerk ... Menschen, die eigene Geleise suchen, werden als verdächtig eingestuft, das Bahnsystem unabhängiger Geister passt schlecht zum schweizerischen Denken. Wir könnten sehr wohl neue und einfache Geleise bauen, auch zu den nahen und abgelegenen Tälern bedrückter Seelen, falls wir die Zivilcourage aufbringen, das Lieblose und Gedankenlose in uns und bei den andern wegzuräumen ...

Die Kerzen sind erloschen, etwas verloren stehen wir da, mit unserem Gepäck, ein Sammelsurium, schlecht und recht verpackt, dies alles muss wieder an Bord … die Fahrt in den Kanal eines neuen Jahres haben wir mit viel Gelächter, Tranksame und Hochrufen bejubelt … unterdessen spielte die Wirklichkeit unverbindliche Pausenmelodien … nun hat sie mich wieder eingeholt und winkt mit der Geste eines gelangweilten Siegers … Zuversicht und Angst zanken um die bequemsten Plätze … noch ruht der Anker im Schlick, der Schiffer prüft den Atem seiner Maschinen … langsam verteilt sich das Gut in der dämmrigen Bootstiefe … wohin mit den Vorsätzen, den edlen, solid vernagelt in goldversetzten Truhen, wohin mit grauen Schuldsäcklein und Säcken, die wir so gerne am Ufer zurückgelassen hätten … wohin schliesslich mit uns selber, mit der Wahrheit des Augenblickes … dem Schimmer eines fernen Lichtes …?

Kein menschliches Tun hat so viel Farbe, so viele Bereiche und Hintergründe wie das Abschiednehmen. Jede Ankunft und jeder Beginn trägt den Stachel des Abschiedes in sich, selbst eine Geburt bedeutet Verlust einer nie wiederkehrenden Geborgenheit. «Kurz ist der Abschied einer langen Freundschaft» beklagt Schiller in seiner «Jungfrau von Orleans» ... der sonst nicht lapidare Theodor Fontane meint: «Abschiedsworte müssen kurz sein wie Liebeserklärungen!» Der Widerspruch, im Guten und im Schlechten, hat sich der Abschiede bemächtigt, literarisch feinpräparierte Beispiele sind für den Normalverbraucher ein schöner Wahn ... Trotzdem, unsere Abschiedspraxis könnte ruhig mehr Stil und Qualität ertragen. Wir verwenden, ohne zu erröten ... das vornehme «A Dieu», wer denkt etwas dabei? Und wir sagen ein Leben lang «Auf Wiedersehen». Wie ernst ist das gemeint? Freunde, lasst uns den Abschied wieder eine rechte Summe der Gefühle kosten, einen Fetzen Leben nimmt er auf jeden Fall mit.

Ludwig Bernauer, 1922

Am Fusse des legendären Pilatus geboren. Lehre als
Fachfotograf in Luzern ... mit erheblichen Pannen,
geriet aber rechtzeitig in die Küche des Avantgardisten
Josef Laubacher. Im Frühjahr 1946 erste zaghafte
Versuche mit der Basler Luft, ab 1950 gänzlich im Banne
der Rheinstadt und ihrer Landschaft. Erinnert sich gerne
an das lebhafte Klima im berühmten Atelier Eidenbenz.
Im April 1960 beginnt sein selbständiges Wirken. Bild-
autor eigenwilliger Kalender, Publikationen über
regionale Gebiete und die Stadt Basel. 1961 entdeckt ihn
die «National Zeitung», als Pressefotograf eigener
Prägung geht er seinen Weg bei der «Basler Zeitung»
weiter, die ihm grosszügig Freiraum gewährt. Erst-
lingswerk: «Schottland» 1959, «Lebendiges Basel»
1979. Im Auftrag der Regierung gestaltet er 1981 einen
umfassenden Bildband über den Kanton Baselland.
Ludwig Bernauer lebt mit seiner Familie seit 1969 in
Bottmingen.